VENTE

DU 10 DÉCEMBRE 1897

Hôtel Drouot, Salle n° 6

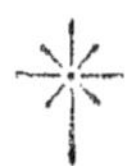

Tableaux, Dessins et Aquarelles

PAR

Gustave GUILLAUMET

Me Georges DUCHESNE, Commissaire-Priseur

M. Georges BERNE-BELLECOUR, Expert

IMPRIMERIE MAULDE ET RENOU

—

MAULDE DOUMENC & Cie

IMPRIMEURS DE LA COMPAGNIE DES COMMISSAIRES-PRISEURS

Rue de Rivoli, 144

CATALOGUE

DE

TABLEAUX

Dessins et Aquarelles

PAR

GUSTAVE GUILLAUMET

DONT LA VENTE AURA LIEU

HOTEL DROUOT — SALLE N° 6

Le Vendredi 10 Décembre 1897

A DEUX HEURES

Mᵉ Georges DUCHESNE	M. G. BERNE-BELLECOUR
COMMISSAIRE-PRISEUR	EXPERT
Rue de Hanovre, 6	Boulevard Malesherbes, 68

CHEZ LESQUELS SE TROUVE CE CATALOGUE

EXPOSITIONS

PARTICULIÈRE	PUBLIQUE
Le Mercredi 8 Décembre 1897	Le Jeudi 9 Décembre 1897

De une heure et demie à cinq heures et demie

CONDITIONS DE LA VENTE

—

Elle sera faite au comptant.

Les acquéreurs paieront **cinq pour cent,** *en sus des adjudications.*

MAULDE, DOUMENC et Cⁱᵉ, imp. de la Cⁱᵉ des Commissaires-Priseurs,
rue de Rivoli 144   1000—70318

ŒUVRES

GUSTAVE GUILLAUMET

TABLEAUX

—

1 — Une rue à El-Kantara.

>Panneau : H. 0^m26; L. 0^m35.

2 — Préparation du couss-couss pour les pauvres.

>Panneau : H. 0^m26; L. 0^m35.

3 — Les Laveuses dans l'Oued-Mzi.

>Toile : H. 0^m35; L. 0^m65.

*

4 — Le Village des Beni-Badel.

> Panneau : H. 0^{m}16; L. 0^{m}24.

5 — L'inspecteur des moissons.

> Toile : H. 0^{m}36; L. 0^{m}50.

6 — Enfants arabes jouant aux osselets.

> Toile : H. 0^{m}45; L. 0^{m}53.

7 — Au pied du Chelia.

> Panneau : H. 0^{m}16; L. 0^{m}24.

8 — Tisseuses kabyles.

> Toile : H. 0^{m}93; L. 1^{m}10.
>
> (Exposition centennale de l'Art français).

9 — Le Rocher des Chiens.

> Toile : H. 0^{m}23; L. 0^{m}44.

10 — Une Noce à El-Kantara.

> Panneau : H. 0^{m}26; L. 0^{m}35.

11 — La Razzia dans le Djebel-Nador (Étude pour).

Toile : H. 0^m44; L. 0^m32.

12 — Intérieur à La Alia.

Toile : H. 0^m41; L. 0^m57.

13 — La Fabrication des cruches.

Panneau : H. 0^m26; L. 0^m35.

14 — La Tafna.

Toile : H. 0^m30; L. 0^m46.

15 — Laveuse à Mascara.

Panneau : H. 0^m16; L. 0^m24.

16 — Fontaine kabyle.

Panneau : H. 0^m25; L. 0^m35.

17 — Le Village de Taourirt.

Panneau : H. 0^m25; L. 0^m35.

18 — Le Marabout de Lalla-Marnia.

> Toile : H. 0^{m}27 ; L. 0^{m}48.

19 — Cardeuse de laine.

> Toile : H. 0^{m}31 ; L. 0^{m}34.

20 — Fileuse.

> Toile : H. 0^{m}48 ; L. 0^{m}31.

21 — Dans les Dunes.

> Toile : H. 0^{m}22 ; L. 0^{m}49.

22 — Le Labour (Esquisse).

> Toile : H. 0^{m}26 ; L. 0^{m}41.

23 — La Mer à Alger ; effet d'orage.

> Toile : H. 0^{m}30 ; L. 0^{m}34.

24 — Sous la tente.

> Toile : H. 0^{m}26 ; L. 0^{m}39.

25 — Étude de Moutons.

Toile : H. 0^m25 ; L. 0^m34.

26 — Un Campement.

Toile : H. 0^m26 ; L. 0^m41.

27 — Le Chemin des Fontaines (Alger).

Toile : H. 0^m35 ; L. 0^m47.

28 — La Méditerranée à Alger.

Toile : H. 0^m21 ; L. 0^m39.

29 — Un Campement dans la forêt de Cèdres, à Teniet-el-Haâd (Esquisse).

Toile : H. 0^m70 ; L. 0^m96.

30 — Les Montagnes de Bled-Chabaa.

Toile : H. 0^m25 ; L. 0^m38.

31 — Le Petit Berger.

Toile : H. 0^m42 ; L. 0^m27.

32 — Jeune Spahi (Étude).

> Toile : H. 0^{m}40; L. 0^{m}25.

33 — Tête de Femme de la province d'Oran (Étude).

> Toile : H. 0^{m}31 ; L. 0^{m}28.

34 — Étude de Chameau.

> Toile : H. 0^{m}35; L. 0^{m}21.

35 — Étude de Chameau.

> Toile : H. 0^{m}32; L. 0^{m}19.

36 — Dans les Gorges d'El-Kantara.

> Toile : H. 0^{m}40; L. 0^{m}30.

37 — Jeune Femme de la province d'Oran (Étude).

> Toile : H. 0^{m}32; L. 0^{m}23.

38 — Étude de cheval de dos.

> Toile : H. 0^{m}32; L. 0^{m}18.

39 — Étude de Cheval mangeant.

Toile : H. 0m35 ; L. 0m22.

40 — Étude de Cheval de profil.

Toile : H. 0m26 ; L. 0m32.

41 — Tête de Femme arabe (Étude).

Toile : H. 0m31 ; L. 0m26.

42 — Arabe assis (Étude).

Toile : H. 0m46 ; L. 0m39.

43 — Spahi avec son cheval isabelle.

Toile : H. 0m24 ; L. 0m34.

44 — Spahis au bord de la mer à Alger.

Toile : H. 0m23 ; L. 0m37.

45 — Spahi gardant son cheval.

Toile : H. 0m21 ; L. 0m30.

46 — Étude de Chiens.

Toile : H. 0^m42 ; L. 0^m45.

47 — Tête de jeune Berger.

Toile : H. 0^m37 ; L. 0^m29.

48 — Étude de Femme de Biskra.

Toile : H. 0^m39 ; L. 0^m33.

49 — Étude de Bœuf.

Toile : H. 0^m25 ; L. 0^m33.

5o — Étude de Cheval.

Toile : H. 0^m26 ; L. 0^m29.

PASTELS, DESSINS ET AQUARELLES

51 — Étude pour le tableau *La Famine*.

Dessin aux deux crayons.

52 — Étude pour le tableau *La Famine*.

Dessin aux deux crayons.

53 — Étude pour le tableau *La Famine*.

Dessin aux deux crayons.

54 — Le Labour (frontière du Maroc).

Pastel.

55 — La Mosquée de Sidi Bou-Medine [Tlemcen] (Esquisse).

Aquarelle gouachée.

56 — Le Semeur.

> Dessin à la sanguine.
> (Exposition centennale de l'Art français).

57. — Petit Berger.

> Pastel.

58 — Arabe et son enfant.

> Dessin à la sanguine.

59 — Femme à la cruche.

> Pastel.

60 — Étude pour le tableau *La Famine*.

> Fusain.

61 — Étude pour le tableau *La Famine*.

> Fusain.

62 — Femme arabe debout.

> Pastel.

63
Les Roches grises.
Passage du gué.

Dessins à la mine de plomb.

64 — Intérieurs arabes.

Dessins à la mine de plomb.

65
Le Désert.
Rivière à El-Haouita.

Dessins à la mine de plomb et au fusain.

66 — Une Place à El-Kantara.

Dessin au crayon noir.

67 — Sous la tente.

Dessin à la mine de plomb.

68 — Vues algériennes.

Dessins à la mine de plomb.

69
Village arabe.
Campement arabe.

Dessins à la mine de plomb.

70
{ Une Fileuse.
{ Dans la campagne.

Dessins à la mine de plomb.

71. — Intérieur à Bou-Saadâ.

Dessin au fusain.

72
{ Taberkous.
{ Paysage.

Dessins à la mine de plomb.

73
{ Le Kremis.
{ Coucher de soleil.

Dessins à la mine de plomb.

74
{ Vue de la mer à Alger.
{ Fontaine marocaine.

Dessins à la mine de plomb et au fusain.

75
{ Une Daia près El-Haouita.
{ Une Vue du Désert.

Dessins à la mine de plomb

76 — Un Campement arabe.

Dessin à la mine de plomb.

77 — Un Village dans l'Aurès.

Dessin au fusain.

78 { Laghouat.
     Un Coin de rue à Alger.

Dessins à la mine de plomb.

79 { L'Aurore.
     Les Montagnes de Neige.

Dessins à la mine de plomb.

80 { Beni-Fera.
     Intérieur algérien.

Dessins à la mine de plomb.

81 { Entre Tiranimine et Naza.
     Danse arabe.

Dessins à la mine de plomb.

82 — Une Rivière.

Dessin au fusain.

83 — Le Semeur.

Dessin aux deux crayons.

84 — Fabrication d'un burnous.

Dessin à la mine de plomb.

85 — Jeune Fille algérienne.

Aquarelle.

86 — Étude de Moutons.

Dessin au fusain.

87 { Vue de Naza.
{ Entrée de maison à **Naza**.

Dessins à la mine de plomb.

87 { Le Fort National.
{ Une Rue.

Dessins à la mine de plomb.

88 — Jeune Fille marocaine.

Aquarelle.

89 { Un Palais à Alger.
{ La Grotte.

Dessins à la mine de plomb.

90 — Tiranimine.

Dessin au fusain.

91 --- Le Labour.

Dessin à la mine de plomb.

92 — La Porte de la mosquée.

Dessin à la mine de plomb

93 --- Études de Chevaux arabes.

Dessin à la mine de plomb.

94 — Tadjemout.

Dessin à la mine de plomb.

95 — Une Rue en plein midi.

Dessin à la mine de plomb.

96 — Étude de Jeune Arabe.

Dessin à la sanguine.

97 — Étude de Guerrier arabe.

Dessin à la sanguine.

98 — Étude d'Arabe assis.

Dessin à la sanguine.

99 — Une Rue à Tadjemout.

Dessin à la mine de plomb.

100 — Types algériens.

Dessin à la sanguine.

101 — Après l'orage.

Dessin au fusain.

102 — Mendiante.

Dessin à la sanguine.

103 — Une Danse à Alger.

Dessin au fusain.

104 — Marchands arabes nomades.

Dessin à la mine de plomb.

105 — Jeune Fille plumant un coq.

Dessin à la mine de plomb.

106 — Une Fontaine à Alger.

Dessin au fusain.

107 — Types d'Arabes.

Dessin au fusain et à la sanguine.

108 — Enfant (Étude).

Dessin au fusain.

109 — Guerrier maure.

Dessin aux deux crayons.

110 — Deux Vues de rues à Alger.

Dessins à la mine de plomb.

111 — Vaches et Cheval (Croquis).

Dessins à la mine de plomb.

112 — Chameau, Chien et Ane (Etude).

Dessins à la mine de plomb.

113 -- Bourriquot (Croquis).

Dessins à la mine de plomb.

114 — Veaux et Cheval arabe (Croquis).

Dessins à la mine de plomb.

115 — Chèvres et Chien arabe (Croquis).

Dessins à la plume et à la mine de plomb.

116 — Bourriquot, Chienne allaitant.

Dessins à la mine de plomb.

117 — Femme à la cruche et Berger arabe assis.

Dessins au fusain et à la mine de plomb.

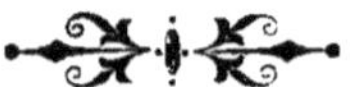